Zebra 2

Arbeitsheft Lesen | Schreiben

Autorinnen und Autor:
Susanna Eckhoff
Christian Junklewitz
Maren Labs
Sonja Liebner-Möller
Saskia Ruff

Beratung:
Andreas Körnich
Britta Kuhlen (Medienkompetenz)
Dr. Daniel Nix (Leseförderung)

Ernst Klett Verlag
Stuttgart · Leipzig · Dortmund

Inhalt

Wiesenzwerge und Baumriesen

Traumfänger und Erfinderglück

Leseratten und PC-Mäuse

Herbsttöne und Frühlingsfarben

Lern- und Schreibtipps

Hinweise zum Arbeitsheft

Bei  schreibst du Aufgaben in dein Schreibheft:

1. Beginne immer mit dem Datum.

   8.9.20...

2. Notiere danach die Seite
   und die Aufgaben.

   R: S. 12 Nr. 2

R steht für Raketenheft.

3. Die Schreibhilfe zeigt dir, wie du die Aufgabe lösen sollst.
   Die Abkürzung **z. B.** heißt zum Beispiel.
   Hier gibt es verschiedene Lösungen.

   R: S. 6 Nr. 3   z. B

   Die Sonne scheint.

✓ Prüfe deine Wörter und Sätze mit diesen Rechtschreibstrategien:

 Sprechen – hören – schwingen

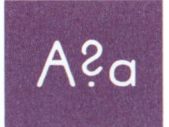 Groß oder klein?

 Verlängern

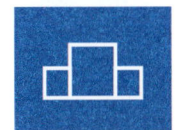 Wortbausteine

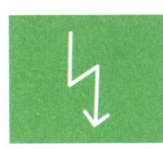 Ableiten

 Nachschlagen

✻ Nutze die Blütenblätter der Schreibblume,
wenn du einen Text schreiben möchtest.

➡ Benutze zum Lesen den Lesepfeil,
damit du nicht in den Zeilen verrutschst.

Schulabenteuer und ABC-Reisen

Ein Gitterrätsel lösen

1 Suche die Wörter im Gitterrätsel. Lies so →.
Markiere mit unterschiedlichen Farben.

Sonne	Buch	Schule	Lehrer	Tor

Uhr	Fahrrad	~~Ball~~	Rutsche	Kinder

W	F	M	D	B	A	L	L	Q	B
I	N	U	H	R	F	U	E	H	L
F	A	H	R	R	A	D	A	B	Z
W	D	Y	E	B	U	C	H	X	N
Q	S	T	O	R	W	E	K	N	I
A	F	S	O	N	N	E	L	P	C
O	K	I	N	D	E	R	L	A	P
R	U	T	S	C	H	E	K	T	H
S	C	H	U	L	E	U	N	R	M
S	R	R	W	L	E	H	R	E	R

2 Schreibe die Wörter aus dem Gitterrätsel mit Artikel auf.

der Ball,

_____

_____

_____

_____

R: S. 6 Nr. 3   z. B.
Die Sonne scheint.

3 Schreibe Sätze mit den Wörtern aus Aufgabe 2.

 LB S. 12

Fragen zu einem Bild beantworten

1 👄 👥 Seht euch das Bild an. Erzählt.

2 Beantworte die Fragen. Schreibe Sätze.

Was spielen die Kinder auf dem Hof?

_____

_____

Wie spät ist es?

_____

_____

Welche Farbe hat das Schulgebäude?

_____

_____

Wie ist das Wetter?

_____

_____

Was macht der Lehrer?

_____

_____

3 Schreibe weitere Fragen und Antworten auf.

 LB S. 13

Sätze lesen und verstehen

> So kannst du Sätze lesen und verstehen:
> • Lies jeden Satz genau.
> • Überlege, was der Satz bedeutet.
> • Stelle Fragen zum Text. So kannst du prüfen,
>   ob du den Text verstanden hast.

1 Lies den Text.

Der Lesepfeil hilft dir, damit du nicht in der Zeile verrutschst.

Paula und Mesut lesen gemeinsam.
Sie sind ein Lesetandem.
Mesut kann schon prima lesen.
Er ist der Trainer.
5 Paula ist die Sportlerin.
Wenn sie einen Fehler macht,
gibt Mesut ihr ein Zeichen.
Sie lesen den Satz noch einmal zusammen.
Wenn Paula sich sicher fühlt, liest sie wieder allein.
10 Danach besprechen die beiden,
ob sie alles verstanden haben.

2 Beantworte die Fragen.
Schreibe Sätze.

Was sind Paula und Mesut?

_____

Wer ist der Trainer?

_____

Was macht Mesut, wenn Paula einen Fehler macht?

_____

_____

LB S. 38/39   WB S. 56

Genau lesen

1 Lies und male.

Hake ab, was du schon erledigt hast.

Große Pause

☐ Die Sonne scheint.

☐ David und Selina spielen mit einem roten Ball.

☐ Selina trägt eine blaue Hose und einen gelben Pullover.

☐ Ihre Schuhe sind braun.

☐ David hat eine lila Hose und graue Schuhe an.

☐ Sein Pullover ist grün.

☐ Auf dem Kopf hat David eine schwarze Kappe.

☐ Das Schulhaus ist gelb.

☐ Im Baum sitzt ein Vogel.

Was machst du in der Pause?

Ein Rätsel lösen

Ich finde sechs Personen.

1 Lies. Mache nach jedem Wort einen Strich.

S E K R E T Ä R I N | S C H Ü L E R H A U S M E I S T E R I N
S C H U L L E I T E R I N L E H R E R P U T Z M A N N

2 Trage die passenden Wörter ein.

Sie repariert kaputte Dinge.

_____

Sie leitet die Schule.

_____

Er unterrichtet die Kinder.

_____

Sie arbeitet im Schulbüro.

_____

Er sitzt im Klassenzimmer.

_____

Er putzt die Schule.

_____

3 Was machst du in der Schule?
Male und schreibe.

R: S. 10 Nr. 3   z. B.
In der Schule ...

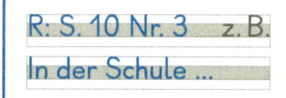

4 ⬯ ☺☺ Vergleicht eure Texte.

  LB S. 22/23

Name: ______________________ Datum: ______________

Eine passende Überschrift finden

1 Welche Überschrift passt zu Leons Text?
Schreibe auf.

Tinas Geburtstag | Leckere Schule | Die Überraschung

____

Meine Traumschule hat Wände aus Schokolade.
Die Fenster sind aus Esspapier.
Stühle und Tische sind aus Bonbons.
In den Pausen dürfen wir naschen.

Leon, 7 Jahre

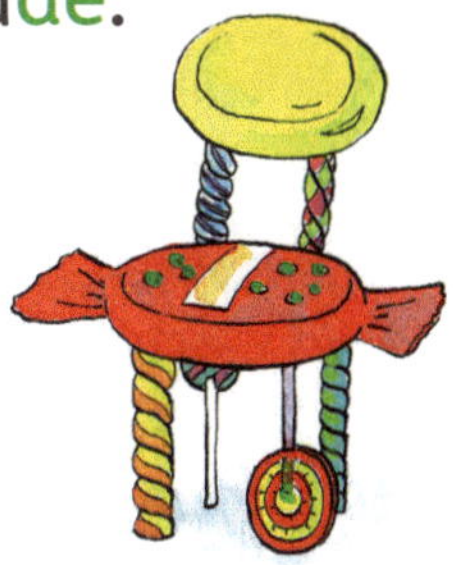

2 Schreibe eine passende Überschrift zu Pinars Text.

Denke dir eine Überschrift aus.

Macht deine Überschrift neugierig?

____

Meine Traumschule ist eine Monsterschule.
Unsere Lehrer sind liebe Monster.
In der Pause toben sie mit uns.
Mittags essen wir Monsterkuchen.

Pinar, 7 Jahre

3 Vergleicht eure Überschriften.

Über eine Traumschule schreiben

1 👄 👥👥 Wie ist eure Traumschule? Erzählt.

> Wo ist deine Traumschule?
>
> Wie sieht deine Traumschule aus?
>
> Was kannst du in der Pause spielen?
>
> Was ist besonders in deiner Traumschule?

Meine Traumschule ist im Wald.

☑ **2** Male und schreibe zu deiner Traumschule.

3 Schreibe eine Überschrift zu deiner Geschichte.

📒 LB S. 26/27

Fragen zu einem Text beantworten

So kannst du Fragen zu einem Text beantworten:
- Lies den Text.
- Lies die Fragen und suche die Antworten im Text.
- Schreibe die Antworten auf.

1 Lies den Text.

Zusammen lernen

Mika hilft Laura in Mathe.

In der Leseecke sitzen Daniel und Henry.

Gemeinsam lesen sie ein Buch über Delfine.

Leni und Elif schreiben eine Geschichte.

5 Leni liebt es, Geschichten zu schreiben,

weil sie so spannende Ideen hat.

Die Kinder der Klasse 2b lernen zusammen

und helfen sich gegenseitig.

Schreibe ganze Sätze.

2 Lies die Fragen. Markiere die Antworten im Text und schreibe sie auf.

Wem hilft Mika in Mathe?

_____

Wo sitzen Daniel und Henry?

_____

Warum liebt es Leni, Geschichten zu schreiben?

_____

_____

Das kann ich schon

➡ ⊙ **1** Lies den Text und beantworte die Fragen.

Zebra Franz
Franz hat Kinder gern.
Er hilft ihnen beim Lernen
und hat immer gute Tipps.
Er kennt sich auch gut mit Tieren aus.
Am liebsten spielt Franz mit Giraffen und Elefanten.

Wer hat Kinder gern?

_____

_____

Womit kennt sich Franz gut aus?

_____

_____

Mit wem spielt Franz am liebsten?

_____

_____

_____

_____

➡ ⊙ **2** Schreibe eine passende Überschrift zu dem Text.

_____

_____

Otto macht mit seiner Klasse einen Ausflug in den Zoo.
Er freut sich besonders auf den kleinen Elefanten.
Der Elefant ist erst drei Monate alt und heißt auch Otto.
Wenn er seine Mutter nicht sieht,
trompetet er ganz laut.
Das finden alle Kinder lustig.

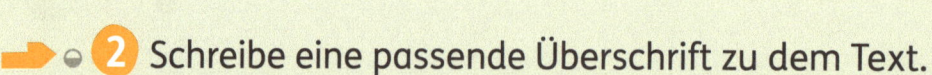

14

© Ernst Klett Verlag GmbH, Stuttgart 2024 | www.klett.de | Nur zum individuellen Gebrauch. Kopieren und Vervielfältigen nicht gestattet.

Herzklopfen und Magenknurren

Reimwörter in Gedichten erkennen

1 Lies das Gedicht. Markiere die Reimwörter mit unterschiedlichen Farben.

Was ich mag

Ich mag Hunde,

jede Sekunde.

Ich mag Limonade,

genau wie Schokolade.

Ich mag schöne Gedichte,

genau wie eine Geschichte.

Christian Junklewitz

Was magst du alles?

2 Lies und ergänze die passenden Reimwörter.

angeleint	raufen	Wiese	Stein	Bein	scheint

Der Hund Pluto

Das kleine Mädchen Liese,

spielt fröhlich auf der _____.

Auf ihrem linken _____ ,

hüpft sie von Stein zu _____ .

Jetzt kommt Pluto angelaufen,

will mit anderen Hunden _____ .

Und wenn die Sonne nicht mehr _____ ,

wird Pluto wieder _____ .

Christian Junklewitz

Ein Gedicht auswendig lernen

▶ So kannst du ein Gedicht auswendig lernen:
- Lies das Gedicht mehrmals.
- Teile es in Abschnitte ein. Lies jeden Abschnitt mehrmals.
- Sprich jeden Abschnitt auswendig.
- Sprich dann das ganze Gedicht auswendig.

> *Du kannst Reimwörter markieren, zum Gedicht malen oder passende Bewegungen machen.*

➡ ○ 1 Lies das Gedicht.
Markiere die Reimwörter in den Strophen.

Gefühle sind wie Farben

Wenn dich etwas traurig macht,
ist alles schwarz wie dunkle Nacht.

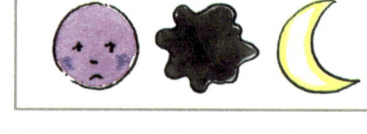

Wenn du zornig bist und voller Wut,
ist alles rot wie heiße Glut*.

Wenn du dich gut fühlst und geborgen,
ist alles blau wie ein Sommermorgen.

Wenn du froh bist und kannst glücklich sein,
ist alles gelb wie Sonnenschein.

Margret Fischer

2 Suche in jeder Strophe Wörter, die du gut malen kannst. Male.

3 Lerne das Gedicht auswendig.

4 👥 Erfindet eigene Strophen.
Ihr könnt das Gedicht mit euren Strophen aufnehmen.

---

*Glut: etwas brennt ohne Flammen

Ein Gedicht vortragen

▶ Trage ein Gedicht so vor, dass andere dir gerne zuhören.
- Lies das Gedicht mehrmals.
- Übe schwierige Stellen.
- Verändere deine Stimme: laut, leise, fröhlich, ängstlich, …
- Nenne die Überschrift und den Autor oder die Autorin.
- Denke auch an Pausen.

➡ ⬤ **1** Wie fühlt sich der Junge in dem Gedicht? Schreibe zu den Gesichtern.

Das gehört zu mir

Ich lächle schon den ganzen Tag,
weil ich dich einfach gerne mag.
Ich fühl mich wie ein schönes Tier.
Das gehört zu mir.

Ich stampfe mit den Füßen.
„Dafür sollst du büßen*!"
Ich fühl mich wie ein wildes Tier.
Das gehört zu mir.

Ich weine und mein Herz ist schwer.
„Sind wir keine Freunde mehr?"
Ich fühl mich wie ein schwaches Tier.
Das gehört zu mir.

Marie-Louise Demeestere

⬤ **2** 👄 Lies das Gedicht mehrmals laut.
Sprich mit fröhlicher, wütender und
trauriger Stimme.

⬤ **3** 👄 Trage das Gedicht vor.

⬤ **4** 👄 👥 Tragt das Gedicht in der Gruppe vor.
Jedes Kind spricht eine Strophe.

Ich stampfe
mit den Füßen.

*büßen: eine Strafe bekommen

 LB S. 48, 68/69    WB S. 59   **17**

Name: _____ Datum: _____

Sich selbst einschätzen

1 Lies das Gedicht. Markiere Reimwörter.
Verwende für jedes Reimwortpaar eine andere Farbe.

Die Wutkarte

„Mir geht es heute nicht so gut,

ich bin so wütend, habe Wut.

Zu andern bin ich ungerecht

und fühl mich selber nur noch schlecht.

Drum nehm die Karte ich zur Hand,

zerknüll sie, schmeiß sie an die Wand.

Zerreiß sie, schnaufend, voller Wut –

danach geht es mir wieder gut.“

Erwin Grosche

2 Übe immer zwei Zeilen mit einem Reimwortpaar.
Unterstreiche schwierige Stellen und übe sie mehrmals.

3 Übe dann das ganze Gedicht
für einen Vortrag.

Nimm deinen Gedichtvortrag auf und höre ihn dir an.

4 Trage das Gedicht vor.

5 Wie hat dein Gedichtvortrag geklappt? Kreuze an.

	☺	😐	☹
Ich habe die Überschrift genannt.			
Ich habe den Autor genannt.			
Ich habe meine Stimme verändert (traurig, wütend, ...).			
Ich habe an Pausen gedacht.			

LB S. 48/49, 68/69 MK

Eine Bildergeschichte ordnen

1 Lies und nummeriere.

Caro steigt auf das Seil
und hält sich am Baum fest.
Als sie den Baum loslässt,
fällt sie herunter.

Plötzlich kommt Papa
in den Park.
Er nimmt Caros Hand.
Sie üben gemeinsam,
bis sie es alleine schafft.
Caros Wut ist verschwunden.

Blödes Seil
Caro geht in den Park
und spannt ein Seil
zwischen zwei Bäume.
Sie möchte darauf laufen.

Sie versucht es noch einmal,
aber es klappt einfach nicht.
Caro wird wütend und schimpft:
„Blödes Seil!".

Eine Bildergeschichte planen und schreiben

So kannst du eine Bildergeschichte planen und schreiben:
- Sieh dir die Bilder genau an.
- Überlege: Wer kommt vor? Was passiert?
  Gib den Personen Namen.
- Schreibe zu jedem Bild. Schreibe auch,
  was zwischen den Bildern passiert.
- Halte die Reihenfolge ein.
- Denke an eine Überschrift.

○ **1** 👄 👥 Seht euch die Bilder an. Erzählt.

Schwimmbad

Angst

springen

○ **2** Schreibe weitere passende Wörter zu den Bildern.

20

 **3** Schreibe eine Geschichte zu den Bildern von Seite 20.

> Halte
> die Reihenfolge ein.

> *Achte darauf, dass du nichts vergisst.*

4 Schreibe eine Überschrift zu deiner Geschichte.

5 Lest eure Geschichten vor.
Sprecht darüber.

LB S. 52   WB S. 60/61   21

Eine Bildergeschichte überarbeiten

1 Lies Finjas Geschichte zu den Bildern auf Seite 20.

_____

Max

~~Ein Junge~~ und ein Mädchen sind zusammen im Schwimmbad.

Der Junge steht auf dem 3-Meter-Brett und zittert.

Er hat Angst zu springen. Plötzlich hat das Mädchen eine Idee.

Es steigt aus dem Wasser und stellt sich neben den Jungen.

Jetzt spielen beide fröhlich im Wasser.

Das Mädchen nimmt seine Hand. Sie springen gemeinsam ins Becken.

Der Junge hat keine Angst mehr.

2 Lies die Tipps für Finja. Überarbeite ihre Geschichte.

Die Reihenfolge stimmt nicht.

Du könntest Junge und Mädchen durch Namen ersetzen.

Auf dem Bild ist aber kein 3-Meter-Brett zu sehen, sondern ein Startblock.

Du hast die Überschrift vergessen.

3 Schreibe die überarbeitete Geschichte auf.

Informationen in eine Tabelle schreiben

1 Die Klasse 2e plant einen Fitnesstag. Lies die Sprechblasen.

Meine Mama könnte einen Obstsalat machen.

Belegte Brote sollten nicht fehlen.

Hoffentlich gibt es auch Früchtetee.

Ich liebe Seilspringen.

Ich bringe Müsliriegel mit.

Wir könnten Säfte mixen.

Wir dürfen Wasser nicht vergessen.

Ich finde Yoga toll.

Wie wäre es mit einem Wettrennen?

2 Markiere in den Sprechblasen: Essen ⬟, Getränke ⬟, Sport ⬟.

3 Schreibe geordnet in die Tabelle: Essen, Getränke, Sport.

Essen	Getränke	Sport
Obstsalat		

Was wünschst du dir für einen Fitnesstag?

Notizzettel schreiben

1 Wer bringt was mit? Lies und ergänze die Notizzettel.

Name	für das Frühstück	
Akiko	Quark	5 Bananen
Mia	Brot	Marmelade
Emil	1 Gurke	2 Flaschen Saft
Kamil	8 Tomaten	Käse

Akiko

Quark,

Mia

Emil

Kamil

2 Was würdest du für ein Frühstück mitbringen? Schreibe.

3 Was passt nicht zu einem gesunden Frühstück? Streiche durch.

| Müsli | Bonbons | Käse | Vollkornbrot | Torte |

24

LB S. 62–65

Das kann ich schon

1 Markiere die Reimwörter mit unterschiedlichen Farben.

Jederzeit
Komm mich mal besuchen.
Ich back dir einen Kuchen.
Ich zeig dir meinen Leberfleck
und puste deine Sorgen weg.
So, wie du bist, lass ich dich sein,
und klopfst du an, lass ich dich ein.

Jürgen Spohn

2 Lies und nummeriere.

Er klettert auf einen Stuhl
und greift nach dem Honigglas.
Plötzlich springt Kater Mio
auch auf den Stuhl.

Das Glas fällt auf den Boden
und zerbricht.
Lars ärgert sich:
„Ich wollte doch nur helfen."

Das zerbrochene Honigglas
Mama bereitet in der Küche
das Frühstück vor.
Lars möchte helfen.

Lars erschrickt und lässt
das Glas fallen.
Es fliegt durch die Luft.

Miteinander und Durcheinander

Fragen zu einem Stammbaum beantworten

1 Sieh dir Klaras Stammbaum an. Beantworte die Fragen.

Wie heißen Klaras Eltern?

Wie heißt der Vater von Tante Eva?

Mit wem ist Onkel Benito verheiratet?

2 Schreibe eine eigene Frage zum Stammbaum.

Genau lesen

➡ ○ **1** In jedem Satz ist ein Wort, das nicht passt. Streiche es durch.

Theo hat eine drei Tanten.

Sie heißen Christina, Hanna und wie Daniela.

Die Tanten hören sehen sich sehr ähnlich,

denn sie sind Drillinge.

Zum Glück färben sich alle drei gerne die Haare Hände.

So kann sich Theo sie gut unterscheiden.

● ➡ ○ **2** Lies zuerst alle Sätze.

☐ Tante Christina steht in der Mitte.

☐ Tante Daniela hat rote Haare.

☐ Tante Hanna steht rechts.

☐ Eine Tante hat schwarze Haare.

☐ Die Tante mit dem grünen Pulli hat pinke Haare.

☐ Die Tante mit dem lila Pulli spielt gerne Fußball.

☐ Tante Danielas Pulli ist gelb.

> *Achtung! Die Sätze stehen nicht in der richtigen Reihenfolge!*

● ○ **3** Lies die Sätze noch einmal.
Schreibe die Namen auf die Linien und male an.
Hake ab, was du schon erledigt hast.

_____ _____ _____

LB S. 76, 77   **27**

Überschriften und Bilder zuordnen

1 Lies die Überschriften. Verbinde sie mit den passenden Bildern.

Uropas Zähne	Tortenunglück	Geschenkechaos

2 Lies die Geschichte. Welche Überschrift und welches Bild passen zur Geschichte? Kreise grün ein.

Letztes Jahr feierten wir mit der ganzen Familie ein Fest.

Viele Verwandte waren da. Wir hatten eine Menge Spaß.

Auf einmal passierte etwas Komisches.

Eine Torte wurde hereingebracht.

Darauf waren neunzig Kerzen.

Uropa holte tief Luft und pustete kräftig.

Dabei fiel sein Gebiss heraus.

Es flog in hohem Bogen neben die Torte.

Alle lachten laut und lange.

3 Welcher Satz hat dir geholfen, die Überschrift herauszufinden? Unterstreiche in der Geschichte.

4 Wähle eine der beiden anderen Überschriften. Schreibe dazu eine Geschichte.

R: S. 28 Nr. 4 z. B.
Tortenunglück

  LB S. 80/81

Vermutungen zu einem Text anstellen

> Überschriften und Bilder verraten dir oft schon etwas
> über den Inhalt eines Textes.
> • Lies die Überschrift und sieh dir die Bilder an.
> • Vermute, worum es in dem Text geht.
> • Lies den Text.
> • Prüfe danach: Waren deine Vermutungen richtig?

1 Lies die Überschrift und sieh dir das Bild an.
Worum geht es in der Geschichte? Vermute.

_____

_____

2 Lies nun die Geschichte.

Milos neue Schwester?
Milo ist acht Jahre alt.
Er wohnt mit seinem Hund Donni
bei seinem Papa Daniel.
Daniel ist seit einiger Zeit
5 mit seiner Freundin Mara zusammen.
Maras Tochter Latika ist vierzehn Jahre alt.
Sie findet sich ziemlich cool
und beachtet Milo meistens nicht.
Manchmal ist sie aber auch nett zu Milo
10 und zeigt ihm Tricks auf dem Trampolin.
Wenn Daniel und Mara heiraten,
wird Latika dann Milos neue Schwester?

3 Waren deine Vermutungen richtig? Kreuze an.

☐ ja   ☐ nein

4 👥 Vergleicht eure Vermutungen.

Genau lesen

➡ ◉ **1** Lies und male.

TOOOOOR!!

Hake ab, was du schon erledigt hast.

☐ Jakub steht heute im Tor.

Seine Torwarthandschuhe sind rot.

☐ Auf Jakubs grünem Trikot steht 1. FCA.

☐ Elins Trikot ist blau und gelb gestreift.

☐ Ihre Kappe ist grün.

☐ Unter Elins Kappe schauen braune Haare hervor.

☐ Elin schießt einen Elfmeter. Der Ball landet links oben im Tor.

☐ Jakubs Trinkflasche steht links neben dem Tor.

☐ Die Trinkflasche ist rot.

Was spielst du gerne mit deinen Freunden?

📄 LB S. 87–91

Eine Einladung lesen

In einer Einladung müssen die Angaben zu diesen Fragen stehen:
- **Wen** willst du einladen? (Anrede)
- **Wozu** willst du einladen?
- **Wann** findet das Ereignis statt? (Datum und Uhrzeit)
- **Wo** findet es statt? (Ort)
- **Wer** lädt ein? Unterschreibe mit deinem Namen.

1 Lies die Einladung. Markiere die Angaben in den passenden Farben.

> Lieber Boran,
>
> ich lade dich zu meinem Geburtstag ein.
>
> Wir feiern am 4. Mai ab 15 Uhr.
>
> Kannst du kommen?
>
> Ich wohne in der Sommerstraße 25.
>
> Liebe Grüße
>
> dein Jonathan

2 Lies die Fragen. Schreibe die Antworten auf.

Wen will Jonathan einladen?

_____

Wann ist die Feier?

_____

Wo findet die Geburtstagsfeier statt?

_____

_____

Eine Einladung planen und schreiben

1 Plane eine Einladung zu deinem Geburtstag. Beantworte die Fragen.

Wen willst du einladen?

Wozu willst du einladen?

Wann findet die Feier statt?

Wo findet die Feier statt?

Wer lädt ein?

2 Schreibe eine Einladung zu deinem Geburtstag.
Verwende alle Angaben aus Aufgabe 1.

Schreibe ganze Sätze.

Denke an die Satzzeichen: . ? !

Einladung

LB S. 92–95   WB S. 64

Eine Einladung überarbeiten

1 Lies die Einladung. Welche Angaben fehlen?
Kreuze an.

☐ Amara hat am 14. März Geburtstag.

☐ Sie möchte Karl einladen.

☐ Amara wohnt im Sonnenweg 4.

☐ Das Fest beginnt um 15 Uhr.

> Lieber,
>
> ich lade dich zu meiner Dino-Geburtstagsparty ein.
>
> Sie findet im Sonnenweg 4 statt.
>
> Kannst du kommen?
>
> Dinomäßige Grüße

☐ **Wen?**   ☐ **Wozu?**   ☐ **Wann?**   ☐ **Wo?**   ☐ **Wer?**

2 Überarbeite die Einladung.
Ergänze die fehlenden Angaben.

_____

_____

_____

_____

_____

_____

Eine Einladung verschicken

Wenn du etwas per Post verschicken möchtest, brauchst du einen Umschlag mit:
- **Adresse**   Wem schreibst du? (Name, Straße, Wohnort)
- **Absender**   Von wem ist der Brief? (Name, Straße, Wohnort)
- **Briefmarke**

1 Lies die Angaben auf dem Briefumschlag.

Kreise ein:
Adresse blau,
Absender rot,
Briefmarke grün.

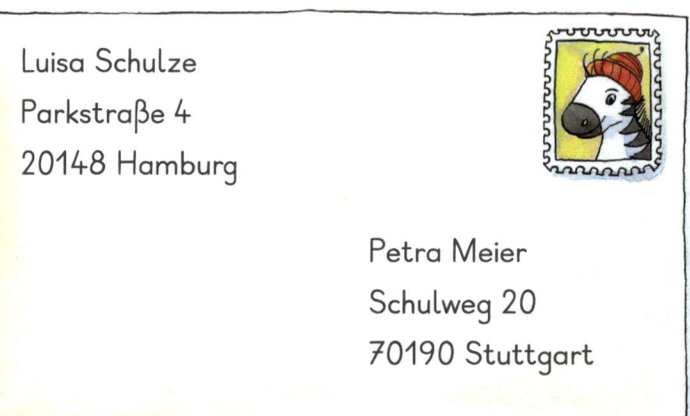

Luisa Schulze
Parkstraße 4
20148 Hamburg

Petra Meier
Schulweg 20
70190 Stuttgart

2 Lies und beschrifte den Briefumschlag.

Luca Jovanovic schickt seinem Freund Maxim Möller eine Einladung.
Maxims Adresse ist Torgasse 17 in 79102 Freiburg.
Luca wohnt in der Alpenstraße 26 A in 76131 Karlsruhe.

Gestalte deine Briefmarke.

3 Schreibe einen Brief an jemanden aus deiner Familie.
Beschrifte einen Briefumschlag.

Das kann ich schon

1 In jedem Satz ist ein Wort, das nicht passt.
Streiche es durch.

Omar spielt mit den anderen Kindern Knall.

Heute probieren sie ein neues Spiel Haus aus.

Omar hat erzählt die Regeln nicht verstanden.

Luan erklärt sie ihm noch im einmal.

Karl würfelt zum und beginnt.

Omar gewinnt die drei erste Runde.

Er lacht angelt und freut sich.

2 Lies und ergänze die Einladung.

Tom hat am 4. April Geburtstag.
Er möchte Kemal einladen.
Tom wohnt in der Waldstraße 35.
Das Fest beginnt um 16 Uhr.

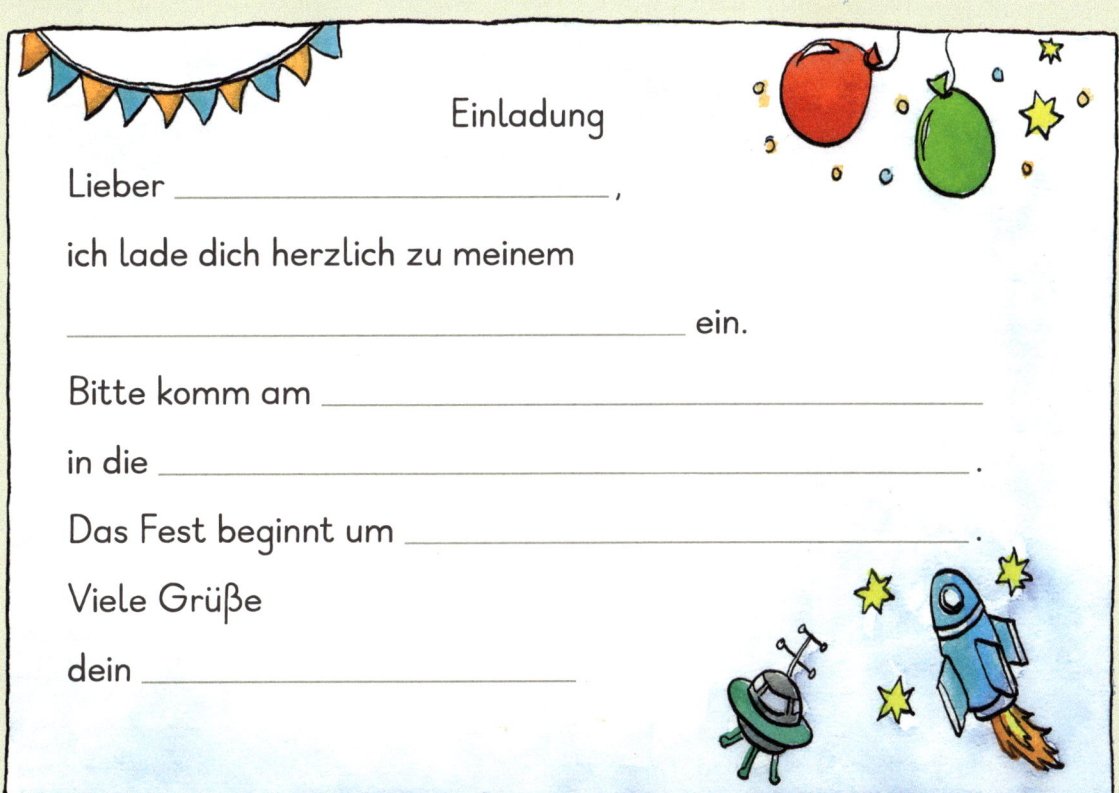

Einladung

Lieber _____,

ich lade dich herzlich zu meinem

_____ ein.

Bitte komm am _____

in die _____.

Das Fest beginnt um _____.

Viele Grüße

dein _____

Wiesenzwerge und Baumriesen

Mit Wörtern spielen

1 Lies das Buchstaben-Gedicht. Schreibe ein eigenes
Buchstaben-Gedicht.

K rokus

A pfelbaum

S alat

T anne

A horn

N arzisse

I ris

E feu

A _____

H _____

O _____

R _____

N _____

●

2 In jedem Wort hat sich ein Tier versteckt.
Markiere es.

Lau**bwal**d

Wal

Schmutzfink

Haselnuss

●

Sparschwein

Leseratte

Schlaufuchs

Achtung, nur für Schlaufüchse!

Instrumente

Segelflieger

Kupferdraht

3 Schreibe die Tiere auf.

LB S. 102, 103

Fragen zu einem Text beantworten

1 Lies den Text.

Baumriesen

Bäume sind große, starke Pflanzen.
Sie können sehr alt werden.

Jeder Baum hat eine Krone.
So nennt man den oberen Teil eines Baumes.

5 Aus dem breiten Stamm wachsen
dicke Äste und dünne Zweige.

Die Rinde schützt den Stamm
vor Kälte und Verletzungen.

Im Erdboden hat der Baum Wurzeln.
10 Sie halten den Baum fest
und sie saugen Wasser aus dem Boden.

2 Lies die Fragen. Markiere die Antworten im Text
und schreibe sie auf.

Wie nennt man den oberen Teil eines Baumes?

_____

Was schützt den Baum vor Kälte und Verletzungen?

_____

Welche Aufgaben haben die Wurzeln?

_____

_____

3 Denkt euch eigene Fragen aus und beantwortet sie gegenseitig.

Mit Schlüsselwörtern einen Text verstehen

> Schlüsselwörter sind besonders wichtige Wörter im Text.
> So helfen dir Schlüsselwörter:
> - Du kannst einen Text besser verstehen.
> - Du kannst dir wichtige Informationen besser merken.
> - Du kannst einen Text nacherzählen.

1 Lies den Text.

Die Honigbiene
Die Biene, die den Honig liefert,
nennt man Honigbiene.
Honigbienen suchen Nektar in den Blüten.
Aus dem Nektar machen sie Honig.
5 Sie fliegen jeden Tag in viele Blüten.
Dabei tragen sie den Blütenstaub von Blüte zu Blüte.
So bestäuben sie Blüten.
Später wachsen aus diesen Blüten Früchte.
Deshalb sind Bienen wichtig für Obstbäume.

2 Schreibe die Schlüsselwörter auf den Notizzettel.

Honigbiene _____
_____
_____
_____
_____

Die Schlüsselwörter sind im Text markiert.

3 👁 Decke den Text ab. Erzähle mit Hilfe der Schlüsselwörter, was du über die Honigbiene weißt.

LB S. 112/113, 128/129   WB S. 66

Schlüsselwörter im Text suchen

○ 1 Lies den Text.

Die Hummel

Die Hummel gehört zu
den Wildbienen.
Sie ist gelbschwarz gestreift.
Die Hummel hat einen rundlichen Körper
5 und sechs Beine.
Ihr dichter Pelz schützt sie vor Kälte.
Hummeln haben durchsichtige Flügel.
Sie haben auch einen Stachel.
Den benutzen sie aber nur bei Gefahr.
10 Im Frühling sieht man nur große Hummeln.
Das sind die Königinnen.

○ 2 Lies den Text noch einmal.
Markiere im Text Schlüsselwörter.

○ 3 Schreibe deine Schlüsselwörter auf.

> Erinnern dich deine Schlüsselwörter an alle Informationen?

○ 4 👄 Decke den Text ab. Erzähle mit Hilfe der Schlüsselwörter, was du über die Hummel weißt.

Einen Steckbrief lesen

1 Lies den Steckbrief.

Tier-Steckbrief

Name: Elster

Größe: etwa 45 Zentimeter

Aussehen: schwarzweißes Gefieder,
an einigen Stellen blaugrün

Nahrung: Insekten, Regenwürmer, Beeren, Früchte, Vogeleier

Lebensraum: Parks, große Gärten, Waldrand

2 Beantworte die Fragen. Schreibe Sätze.

Wie groß ist eine Elster?

Wie sieht das Gefieder einer Elster aus?

Was fressen Elstern?

Wo leben Elstern?

40  LB S. 114–117

Einen Steckbrief ausfüllen

> In einem Steckbrief kannst du wichtige Informationen
> über einen Menschen, ein Tier, eine Pflanze oder
> einen Gegenstand sammeln.
> Ein Steckbrief ist kurz und geordnet.

1 Lies den Text.

Das Wildkaninchen

Das Wildkaninchen ist ungefähr
40 Zentimeter lang.
Sein Fell ist meist graubraun.
Es ernährt sich von Gräsern,
Blättern und Knospen.
Die Feinde des Wildkaninchens
sind Marder, Füchse oder Eulen.

2 Markiere die Informationen in den passenden Farben.

| Name | Größe | Aussehen | Nahrung | Feinde |

3 Schreibe den Steckbrief.

Tier-Steckbrief

Name: _____

Größe: _____

Aussehen: _____

_____

Nahrung: _____

_____

Feinde: _____

© Ernst Klett Verlag GmbH, Stuttgart 2024 | www.klett.de | Nur zum individuellen Gebrauch. Kopieren und Vervielfältigen nicht gestattet.

Einen Steckbrief schreiben

1 Lies den Text.

Die Ameise

Ameisen werden 2 bis 20 Millimeter lang.

Die kleinen Insekten haben sechs Beine

und am Kopf zwei Fühler.

Sie sind schwarz, braun oder rötlich.

Ameisen fressen andere Insekten, Pflanzensäfte und Samen.

Sie haben viele Feinde.

Vögel, Spinnen und kleine Schlangen fressen Ameisen.

2 Markiere die Schlüsselwörter.

3 Schreibe den Steckbrief.

Tier-Steckbrief

_____

_____

_____

_____

_____

4 Suche im Internet Informationen zu einem anderen Wiesentier.
Schreibe einen Steckbrief.

R: S. 42 Nr. 4
Tier-Steckbrief

LB S. 118/119 MK

Einen Steckbrief überarbeiten

1 Lies den Text.

Das Eichhörnchen

Das Eichhörnchen ist ungefähr 20 Zentimeter lang.
Sein Fell ist braun, fuchsrot bis schwarz,
am Bauch ist es weiß.
Eichhörnchen ernähren sich von Früchten,
Nüssen, Tannenzapfen oder Eicheln.
Die Feinde des Eichhörnchens sind
Raubvögel, Marder und auch Katzen.

2 Markiere die Informationen in den passenden Farben.

| Name | Größe | Aussehen | Nahrung | Feinde |

3 Lies Idas Steckbrief zum Eichhörnchen.

Tier-Steckbrief

Name: Eidechse

Größe: 30 Zentimeter

Aussehen: braun, fuchsrot bis schwarz, am Bauch gelb

Nahrung: Nüsse, Tannenzapfen oder Eisen

Feinde: Singvögel, Marder und auch Katzen

4 Streiche die Fehler durch.
Schreibe die richtigen Informationen darüber.

Es sind 5 Fehler.

Genau lesen (1)

1 Lies und male.

Was soll das?

Auf der Wiese gibt es viele verschiedene Pflanzen und Tiere.
Die Blumen blühen gelb, ihre Stängel und Blätter sind grün.

Auf den grünen Grashalmen krabbeln Marienkäfer.
Ihre Flügel sind rot mit kleinen schwarzen Pünktchen.
5 Der braune Maulwurf hat einen großen Erdhügel geschaufelt.
Die schwarzgelb gestreiften Hummeln summen in der Luft.
Die gelbe Sonne scheint am blauen Himmel.

Einige Leute haben auf der Wiese gepicknickt.
Jetzt liegen dort gelbe Bananenschalen, blaue Trinkdosen
10 und braune Papiertüten. Was soll das?

Wie kannst du die Umwelt schützen?

LB S. 120–123

Name: _____ Datum: _____

Genau lesen (2)

1 In jeder Zeile ist ein Wort doppelt. Streiche es durch.

 Zeitung Zeitschrift Papier Zeitung Pappe

 Eierschale Gemüsereste Laub Erde Laub

 Senftube Suppentüte Senftube Milchkarton

 Windeln Filzstifte Fotos Porzellan Fotos

2 In jedem Satz ist ein Wort, das nicht passt.
Streiche es durch.

Achte auf die Umwelt und trenne Dreck deinen Müll.

Je mehr weniger Müll du machst, desto besser für die Umwelt.

Benutze für vor die Schule eine Brotdose und eine Trinkflasche.

Was könnt ihr in der Schule Sonne tun, damit ihr Müll vermeidet?

Wie viele vier verschiedene Mülleimer habt ihr auf dem Schulhof?

3 Markiere alle **Tiere rot**, alle **Pflanzen grün** und
die **Lebensräume gelb**.

Ameise	Birke	Wald	Wiese	Igel
Gänseblümchen	Park	Spinne	Gras	Meise
Waldrand	Löwenzahn	Garten	Biene	Rose

Das kann ich schon

1 Markiere Schlüsselwörter.

Die Kastanie ist ein Laubbaum.
Ein Blatt sieht aus wie eine Hand
mit fünf bis sieben fingerförmigen Blättern.
Der Stamm wird 25 bis 30 Meter hoch.
Im Sommer blühen Kastanien weiß, rosa oder rot.
Die Früchte wachsen in großen, grünen, stacheligen Kapseln.
Wenn sie im Herbst aufplatzen, fallen die Kastanien herunter
und du kannst sie aufsammeln.

2 Markiere die Informationen. Schreibe den Tier-Steckbrief.

Die Spitzmaus

Die Spitzmaus hat ein rotbraunes Fell.
Am Bauch ist sie grauweiß.
Sie ernährt sich von Insekten,
Würmern und Schnecken.
Zu den Feinden der Spitzmaus gehören
der Fuchs, die Katze und die Eule.
Die Spitzmaus wird 8 bis 10 Zentimeter groß.

Tier-Steckbrief

Name: _____

Größe: _____

Aussehen: _____

_____

Nahrung: _____

Feinde: _____

46

Traumfänger und Erfinderglück

Ein Traumtier malen und dazu schreiben

1 Schreibe zum Bild.

Maja hat von einem seltsamen Tier geträumt. Das Tier ...

_____

_____

_____

_____

2 Male ein eigenes Traumtier. Beschreibe es genau.

3 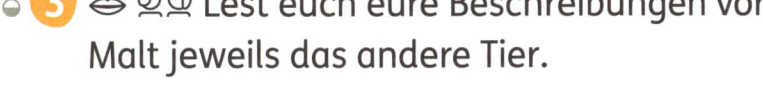 Lest euch eure Beschreibungen vor.
Malt jeweils das andere Tier.

Passende Wörter sammeln

1 Welches Wort passt? Schreibe.

Das Monster _____ Timos Kekse.

| knabbert | verschlingt | isst |

Timo wacht auf und _____.

| spricht | flüstert | schreit |

2 Ordne die Wörter und schreibe sie auf.
Ergänze eigene Wörter.

| ~~knabbern~~ | ~~rufen~~ | mampfen | flüstern | mümmeln | quaken |

| sprechen | schreien | schlingen | fressen | heulen | kauen |

essen

knabbern,

sagen

rufen,

 LB S. 132–137

Passende Wörter verwenden

➡️ ⭕ **1** Lies Inas Text.

Mein Traummonster

Das grüne Monster kann nur langsam gehen.

Wir gehen zusammen in den Wald.

Das Monster geht in seine dunkle Höhle.

Ich gehe vorsichtig hinterher.

🔵 **2** Suche andere Wörter für das Verb **gehen**.

Verwende
passende Wörter.

Passende Wörter machen
deinen Text interessanter
und genauer.

🔵 **3** Überarbeite Inas Text. Verwende passende Wörter.

Mit verteilten Rollen lesen

> Wenn ihr mit verteilten Rollen lesen wollt, überlegt vorher:
> • Wer spricht welche Rolle?
> • Wie wollt ihr die Texte sprechen?

Lies mit. Dann weißt du, wann du an der Reihe bist.

1 Lies das Märchen.

Die Prinzessin auf der Erbse

Erzähler: Es war einmal ein Prinz, der heiraten wollte.
Aber er fand keine echte Prinzessin.
Da klopfte es eines Abends an der Schlosstür.

Prinzessin: Guten Abend. Es regnet in Strömen.
Lasst mich bitte über Nacht bleiben.

Königin: Wer bist du denn?

Prinzessin: Ich bin eine Prinzessin.

Erzähler: Die Königin und der Prinz glaubten ihr nicht.
Sie wollten sie heimlich prüfen.

Königin: Wir legen ihr eine Erbse ins Bett.
Darauf legen wir viele Decken und Kissen.

Prinz: Dein Bett ist bereitet. Nun schlaf gut!

Erzähler: Am nächsten Morgen trat die Prinzessin
aus dem Zimmer.

Königin: Guten Morgen. Wie hast du geschlafen?

Prinzessin: Oh, ich habe kein Auge zugemacht.
Mein Bett war so hart.

Prinz: Du bist wirklich eine echte Prinzessin.
Willst du mich heiraten?

Prinzessin: Ja, ich will.

Erzähler: Und so feierten sie ein prächtiges Hochzeitsfest.

nach Hans Christian Andersen

2 Markiere die Rollen in verschiedenen Farben.

3 Lest das Märchen mit verteilten Rollen.

LB S. 140–143

Ein Märchen ordnen

1 Lies und nummeriere.

<table>
<tr><td>☐</td><td>Einmal war die Mutter allein.
Sie wollte auch Brei kochen.
Sie nahm das Töpfchen und sagte:
„Töpfchen koch!"</td></tr>
</table>

<table>
<tr><td>☐</td><td>Aber alle, die in der nächsten Zeit
in das Haus wollten,
mussten sich durch den Brei essen.
nach den Brüdern Grimm</td></tr>
</table>

<table>
<tr><td>☐</td><td>**Der süße Brei**
Es war einmal ein armes Mädchen
mit seiner Mutter. Sie hatten wenig
zu essen. Da schenkte eine alte Frau
dem Mädchen einen Zaubertopf.</td></tr>
</table>

<table>
<tr><td>☐</td><td>Die Mutter aß sich satt.
Aber sie hatte die Worte vergessen,
damit das Töpfchen aufhörte.</td></tr>
</table>

<table>
<tr><td>☐</td><td>Wenn das Mädchen sagte:
„Töpfchen koch!", kochte das Töpfchen
süßen Brei.
Wenn das Mädchen sagte:
„Töpfchen steh!", hörte es wieder auf.</td></tr>
</table>

<table>
<tr><td>☐</td><td>Der Brei kochte über den Rand,
und kochte das ganze Haus voll.
Endlich kam das Mädchen wieder.
Es sagte: „Töpfchen steh!"</td></tr>
</table>

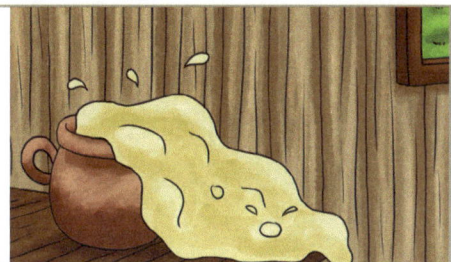

LB S. 146/147

Ein Märchen nacherzählen

Wenn du ein Märchen nacherzählst, kannst du so vorgehen:

• Lies das Märchen.
• Markiere die Schlüsselwörter.
• Schreibe die Schlüsselwörter auf Karten. Nummeriere die Karten.
• Erzähle das Märchen mit Hilfe der Karten nach.

1 Lies das Märchen.

Die Sterntaler

Es war einmal ein kleines Mädchen.
Vater und Mutter waren gestorben.
Das Mädchen war sehr arm.
Es hatte kein Bett.
5 Es trug nur wenige Kleider
und hatte nur ein Stück Brot.

So ging das Mädchen hinaus.
Da begegnete ihm ein armer Mann.
Er sprach: „Ach, gib mir etwas zu essen.
10 Ich bin so hungrig."
Das Mädchen reichte ihm sein Brot
und ging weiter.

kleines Mädchen,
arm

1

2

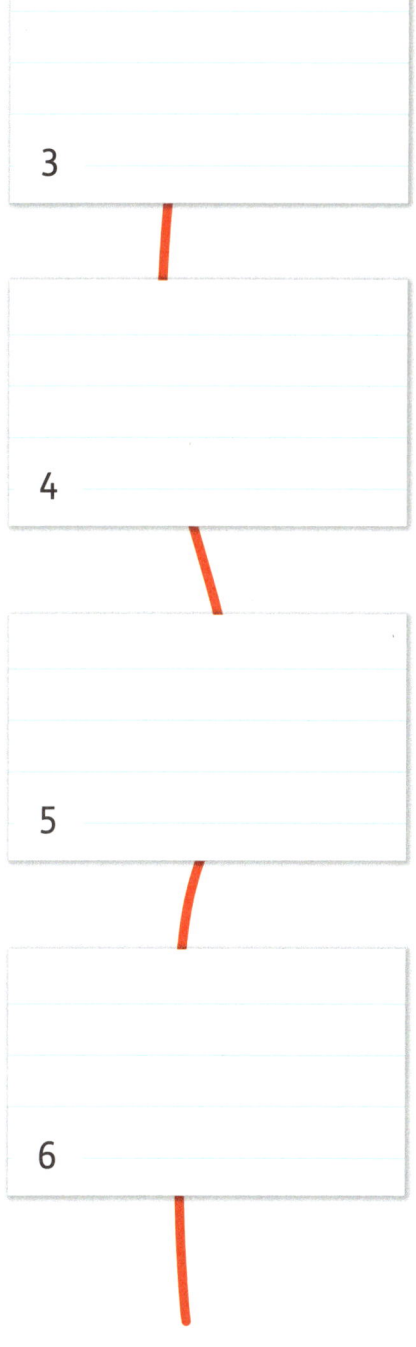

Da kam ihm ein Kind entgegen.
Es jammerte und sprach:
15 „Es friert mich so auf dem Kopf."
Das Mädchen gab ihm seine Mütze.

3

Nach einer Weile kam wieder ein Kind.
Es hatte kein Kleidchen mehr an und fror.
Da gab das Mädchen ihm sein Kleidchen.
20 Einem anderen Kind gab es seinen Rock.
Es wurde dunkel.

4

Dann kam ein Kind und bat um ein Hemd.
Das Mädchen dachte:
„Es ist dunkle Nacht. Da sieht mich niemand.
25 Ich kann mein Hemd weggeben."
Nun hatte das Mädchen nichts mehr.

5

Auf einmal fielen Sterne vom Himmel.
Es waren lauter glänzende Taler.
Und das Mädchen trug die feinste Kleidung.
30 Es sammelte die Taler ein.
Und es war reich, solange es lebte.

nach den Brüdern Grimm

6

2 Markiere weitere Schlüsselwörter.
Schreibe sie auf die Karten.

3 Erzähle das Märchen mit Hilfe der Karten nach.

Welche Märchen
kennst du?

Unbekannte Wörter verstehen (1)

> Das kannst du machen, wenn du ein Wort nicht verstehst:
> • Lies den Satz noch einmal und überlege,
>   was das Wort bedeuten kann.
> • Lies weiter. Manchmal wird das Wort später im Text erklärt.

1 Was ist ein Hollibolli? Lies und schreibe.

Daria hat einen großen Hollibolli bekommen.
Der Hollibolli ist grün und hat eine laute Klingel.
Am liebsten fährt sie mit dem Hollibolli vor dem Haus.
Wenn sie auf dem Hollibolli steht,
ist sie schon ganz groß.

Darias Hollibolli ist ein _____ .

2 Was bedeuten die markierten Wörter?
Lies und schreibe.

Als es vor ungefähr 100 Jahren immer mehr Autos gab,
wurde es für die Fußgänger gefährlich,
über die Straße zu gehen.
Deshalb wollte ein Polizist ein Lichtsystem haben,
das den Verkehr regelt.
Er dachte an Lampen,
die nach einem bestimmten Plan leuchteten.
Der Polizist tüftelte lange herum.
Er probierte so lange, bis er eine Idee hatte.
Der Polizist wählte drei verschiedene Farben für die Signale.
Diese Zeichen waren farbige Lampen,
die schon so ähnlich aussahen wie unsere Ampeln heute.

Lichtsystem: _____

tüfteln: _____

Signale: _____

Unbekannte Wörter verstehen (2)

1 Was bedeuten die markierten Wörter?
Lies und schreibe.

Die Erfindung des Teebeutels

Vor mehr als 100 Jahren gab es schon viele Teesorten.
Ein Amerikaner wollte seinen <mark>Kunden</mark>
eine neue Teesorte zeigen.
Er legte die Teeblätter in kleine Beutel aus <mark>Seide</mark>.
5 Das ist ein besonders feiner Stoff.
Die Käufer legten den ganzen Beutel
in ihre Tassen mit heißem Wasser.
So wurde zufällig der Teebeutel erfunden.

Seide ist teuer.
10 Deshalb probierte ein Mann aus England,
Teebeutel aus Papier herzustellen.
Er klebte die Beutel zu.
Deshalb schmeckte der Tee nach Klebstoff
und die Teebeutel lösten sich im Wasser auf.

15 Vor etwa 50 Jahren nahm eine Firma
in Dresden <mark>Filterpapier</mark>.
Dieses feste Papier lässt Wasser durch,
aber es löst sich nicht auf.
So begann die Herstellung der Teebeutel
20 wie wir sie heute kennen.

Kunden: _____

_____

Seide: _____

_____

Filterpapier: _____

_____

> Ich liebe Früchtetee.

Genau lesen

1 Lies und male.

Lino liegt im Gras.
Er schaut in den Himmel und träumt.
Aus der Wolke wird ein Segelschiff mit einem gelben Segel.
Lino steht auf dem Schiff.
5 Er ist ein Forscher und sieht durch ein großes Fernrohr.
Er sucht eine Maschine, mit der er zum Mars fliegen kann.
Linos roter Umhang flattert im Wind.
Auf dem Kopf trägt er einen blauen Hut mit einer grünen Feder.
Seine Hose ist braun.

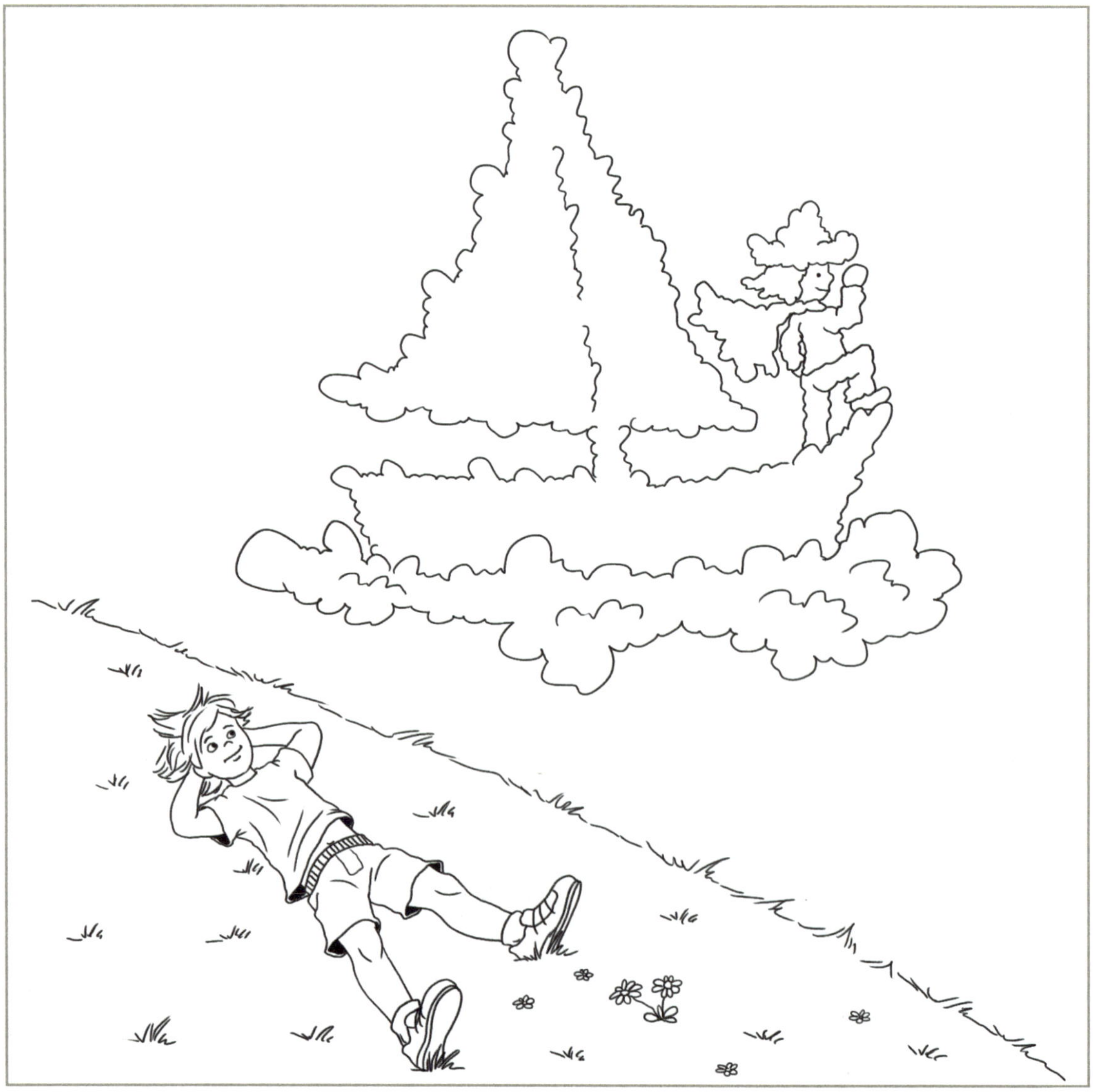

Was würdest du gerne erforschen?

Das kann ich schon

1 Was ist eine Hucke? Lies und schreibe.

... Da begegnete Jona einem alten Mann.
Der trug eine schwere Hucke auf dem Rücken und sagte:
„Wenn du meinen großen Korb auf deinen Rücken nimmst,
zeige ich dir den Weg aus dem Wald heraus."
Jona überlegte nicht lange und ...

Eine Hucke ist

_____
_____

2 Lies und schreibe Schlüsselwörter auf.

Alex und Kim sind im Märchenpark.

Alex sagt: „Ich möchte auch einmal
einer Fee begegnen."

„Warum?", fragt Kim erstaunt.
5 Alex erklärt: „Dann wird sie mir
drei Wünsche erfüllen."

Kim fragt: „Und was würdest du dir
wünschen?"
Alex zählt auf: „Ein großes Eis,
10 ein neues Fahrrad und einen Hund."

Kim schüttelt verwundert den Kopf:
„Also, ich würde mir nur wünschen,
dass ich zaubern kann. Dann kann
ich mir alles selbst herbeizaubern."

Leseratten und PC-Mäuse

Genau lesen

1 Lies und male. Schreibe die Namen auf die Linien.

Sarah und Jary besuchen eine Tauschbörse für Bücher und Spiele.
Sarah trägt ein gelbes T-Shirt.
Sie steht am Tauschtisch und hält ein Buch über Fische in der Hand.
Jary hat einen blauen Fahrradhelm auf, denn er will gleich
zu einem Freund fahren.
Er sucht nach einer spannenden Detektivgeschichte.
Auf seinem T-Shirt ist eine große Lupe zu sehen.
Rami hat Kopfhörer auf, während er ein Brettspiel anschaut.
Auf seinem grünen T-Shirt ist ein gelber Blitz.
Auf dem Tauschtisch liegt ein großes Buch über Dinos.

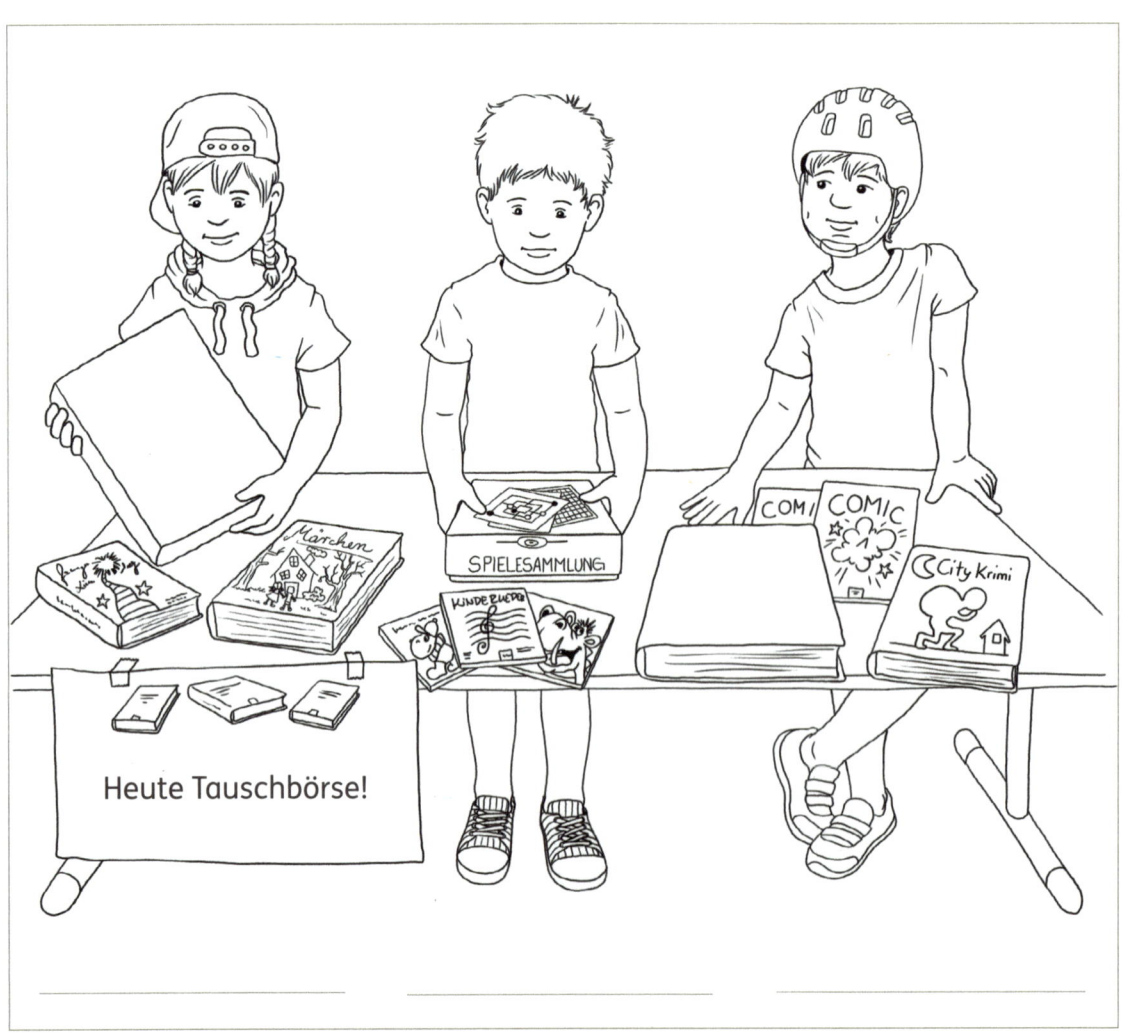

Heute Tauschbörse!

LB S. 160/161

Wichtige Begriffe zu Büchern kennen

1 Setze die Begriffe passend ein.

Illustrationen   Titel

Autor   Verlag   Autorin

Der Mensch, der Bücher schreibt,

ist der _____ oder die _____ .

Jedes Buch hat einen Einband.

Vorne steht der Name des Buches. Das ist der _____ .

Die Bilder werden auch _____ genannt.

Bücher werden in einem _____ hergestellt.

2 Schreibe die Angaben zu diesem Buch auf.

Oliver Scherz
Ein Freund wie kein anderer
Im Tal der Wölfe
Mit Bildern von Barbara Scholz

Titel:

_____

_____

Autor / Autorin:

_____

Verlag:

_____

Illustrator / Illustratorin:

_____

3 Schreibe die Angaben zu einem anderen Buch auf.
Findest du heraus, wer die Illustrationen
gemacht hat?

R. S. 59 Nr. 3

Titel:

Sich in einer Bücherei zurechtfinden (1)

> In einer Bücherei gibt es verschiedene Medien. Medien sind
> zum Beispiel Bücher und Zeitschriften oder elektronische Medien
> wie Filme, CDs, E-Books und Computerspiele.
> - Es gibt verschiedene Abteilungen, z.B.:
>   Sachbücher, Geschichten, Spiele und Hörbücher.
> - In jeder Abteilung sind die Medien nach Themen geordnet, z. B.:
>   Ritter, Bäume, Tiere, Sport, Pferde, Basteln, …

1 👄 👥 Was entdeckt ihr auf dem Bild? Erzählt.

2 In welcher Abteilung finden die Kinder die Medien?
Schreibe die Abteilung auf die Linie.

Ich möchte unbedingt das Spiel „Mein Lotta-Leben" ausleihen.

_____

Ich suche Bastelanleitungen.

_____

Ich liebe Comics!

_____

Ich sammle Informationen für meinen Vortrag über Ritter.

_____

60

 LB S. 168/169   WB S. 71

Sich in einer Bücherei zurechtfinden (2)

1 Lies den Text.

Ausflug in die Kinderbücherei

Emil hört gerne Hörbücher. Er möchte ein neues Hörbuch ausleihen.

Lisa hat „Ronja Räubertochter" gelesen.

Nun darf sie sich den Film dazu ausleihen.

Ayan liebt die Comics von Tim und Struppi.

Er möchte unbedingt schauen, ob Teil 6 da ist.

Leider konnte Leila nicht mitgehen.

Sie sucht sich mit ihrer Mutter zu Hause ein Buch

auf der Internetseite der Bücherei aus.

2 Welche Medien möchten die Kinder ausleihen? Markiere.

3 Suche die Medien aus Aufgabe 1 in dem Bild. Male sie an.

4 Welche Medien würdest du dir ausleihen? Schreibe auf.

Wie stellst du dir einen Ausflug in die Bücherei vor?

Eine Buchvorstellung planen

▶ Diese Fragen helfen dir, wenn du ein Buch vorstellen möchtest:
- Wie heißt dein Buch (Titel)?
- Wer hat es geschrieben (Autor/Autorin)?
- Wie heißt die Hauptperson?
- Was passiert in der Geschichte?
- Welches Bild aus dem Buch möchtest du zeigen?
- Welche Stelle möchtest du aus deinem Buch vorlesen?

1 Bo möchte dieses Buch vorstellen. Schreibe die Angaben auf.

Titel: _____

_____

Autor: _____

Verlag: _____

2 Bo will diese Stelle vorlesen. Macht sie dich neugierig? Begründe.

„Nora? Was tust du da?"
„Nichts Oma! Bleib schön liegen!
Du bist doch heute faul!" Stimmt ja.
Nach einer Weile taucht Nora wieder auf.
Sie hat die Hände voller Gerätschaften.
Gerade so, dass sie alles tragen kann.
Gerade so, dass ihr nicht alles aus der Hand fällt.
Anstrengend. Schwer. Sie stöhnt. Oma blickt besorgt.

Bärbel Kempf-Luley

LB S. 171, 188/189   WB S. 72

Eine Buchvorstellung vorbereiten

1 Wähle ein Buch aus, das du vorstellen möchtest.
Male ein Bild zu deinem Buch.

Titel: _____

_____

Autor/
Autorin: _____

Verlag: _____

2 Schreibe die Angaben zu diesem Buch auf.

3 Wie heißt die Hauptperson? Was passiert? Schreibe auf.

4 Suche einen Textausschnitt und ein Bild aus.

Text Seite: _____   Bild Seite: _____

5 Was gefällt dir besonders gut? Schreibe.

Dieses Buch gefällt mir, weil

Feedback geben

Nach einem Vortrag kannst du anderen eine Rückmeldung
geben, das nennt man auch Feedback.
- Nenne etwas, das dir **gut gefallen** hat.
- **Frage nach**, wenn du etwas nicht verstanden hast.
- Gib einen **Tipp** für den nächsten Vortrag.
Achte darauf, dass du freundlich und sachlich bleibst.

*Feedback sprichst
du so: Fiedbäck.*

○ **1** Lies die Sprechblasen.

*Kannst du noch
einmal sagen, wie die
Hauptfigur heißt?*

*Versuche beim nächsten
Mal, dein Publikum noch
mehr anzuschauen.*

*Mir hat gut gefallen,
dass du deutlich
gesprochen hast.*

○ **2** Male die Sprechblasen passend zu den Farben im Merkkasten an.

○ **3** Layan und Leni haben ihre Buchvorstellung gehalten.
Lies die Sprechblasen.

*Sprich mal lauter, ich
verstehe dich kaum!*

*Voll der
Mädchenkram!*

*Ich fand das
Buch doof.*

● **4** Was haben die Kinder bei der Rückmeldung nicht beachtet?
Schreibe auf.

_____
_____
_____

 ● **5** Wähle eine Sprechblase aus und formuliere sie so,
dass sie zu den Regeln im Merkkasten passt.

R: S. 64 Nr. 5 z. B.
Kannst du bitte ...

Einen Text gestalten

In Texten kannst du manche Wörter unterschiedlich gestalten:
- Verwende eine andere Farbe.
- Schreibe das Wort **fett**.
- Verändere die Größe.
- Verwende eine andere *Schrift*.

1 Welche Wörter willst du gestalten?
Markiere sie.

Sommerwiese

viele Blumen

rote, gelbe, blaue,

große und kleine Blüten

bunt

Du kannst deinen Text auch mit Bildern verzieren.

2 Schreibe den Text ab und gestalte dabei die Wörter.

Texte am Computer schreiben

Franz schreibt seinen Namen.
Er sucht die Buchstaben
auf der Tastatur.

1 Wie schreibst du diese Namen?
Kreise die Buchstaben ein und verbinde
mit verschiedenen Farben.

THEA   **MILO**

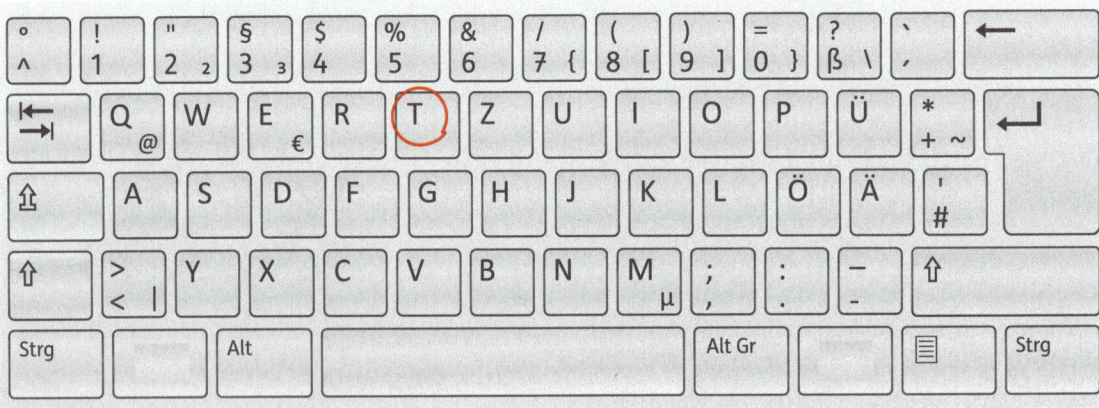

---

2 Du kannst einen Text auch am Computer gestalten.
Kennst du die Symbole? Verbinde.

Schriftart wählen ●   ● **A** ▾

Schriftgröße wählen ●   ● 12 ▾

Schriftfarbe wählen ●   ● U

fett schreiben ●   ● Arial ▾

unterstreichen ●   ● **F**

LB S. 176, 177
MK

Nachrichten schreiben

1 Was passt zueinander? Verbinde.

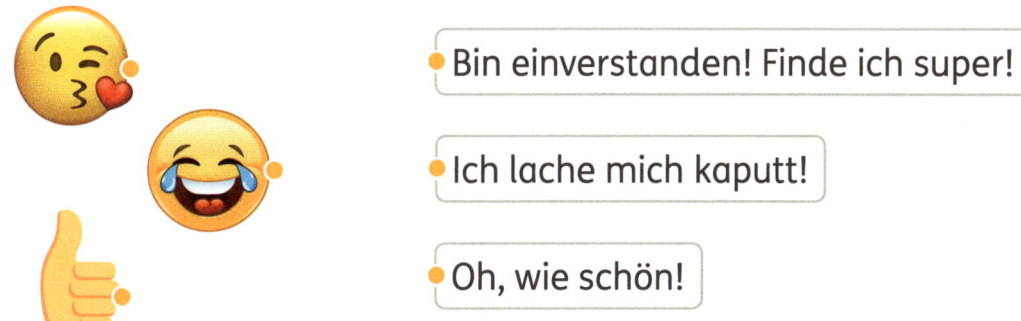

- Bin einverstanden! Finde ich super!
- Ich lache mich kaputt!
- Oh, wie schön!

2 Leila hat ihrer Mutter eine Nachricht geschrieben. Lies.

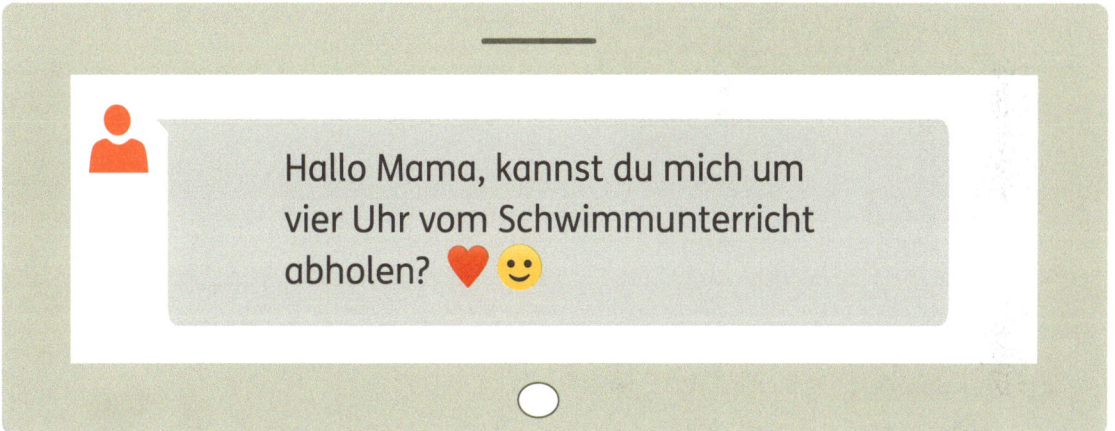

Hallo Mama, kannst du mich um vier Uhr vom Schwimmunterricht abholen? ❤️ 🙂

3 Was meint Leila mit ❤️? Schreibe als Text.

_____
_____

4 Schreibe und male eine Nachricht an ein anderes Kind.

Das kann ich schon

1 Schreibe die Angaben zu dem Buch auf.

Titel:

Autor/Autorin:

Verlag:

---

2 Wie schreibst du diese Wörter
mit dem Computer?
Kreise die Buchstaben ein und
verbinde mit verschiedenen Farben.

VASE   ZUG   KINO

Herbsttöne und Frühlingsfarben

Ein Elfchen schreiben

Ein Elfchen ist ein Gedicht, das sich nicht reimt.
Alle Zeilen passen zu einem Thema. Jede Zeile steht für sich.

Wind

Kastanien sammeln

in Laubhaufen springen

Äpfel vom Baum holen

Herbst

Leni (8 Jahre)

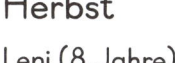

1 Wie verteilen sich die Wörter in einem Elfchen?
Zähle und schreibe auf.

1. Zeile: _ein Wort_____

2. Zeile: _____

3. Zeile: _____

4. Zeile: _____

5. Zeile: _____

Weißt du, warum ein Elfchen Elfchen heißt?

2 Schreibe ein eigenes Elfchen zum Thema Herbst.

_____

_____   _____

_____   _____   _____

_____   _____   _____

_____

Genau lesen

1 Lies und male.

Sophie und Noam lassen ihre Drachen steigen.

Noam trägt eine blaue Pudelmütze.

Sophie hat einen grünen Schal um den Hals.

Sophies Drachen ist rot mit einem lachenden Gesicht.

Noams Drachen hat blaue Streifen.

Er hat einen Schwanz mit drei roten Schleifen.

Am Baum hängen vier rote Äpfel.

Unter dem Baum sitzt ein Igel.

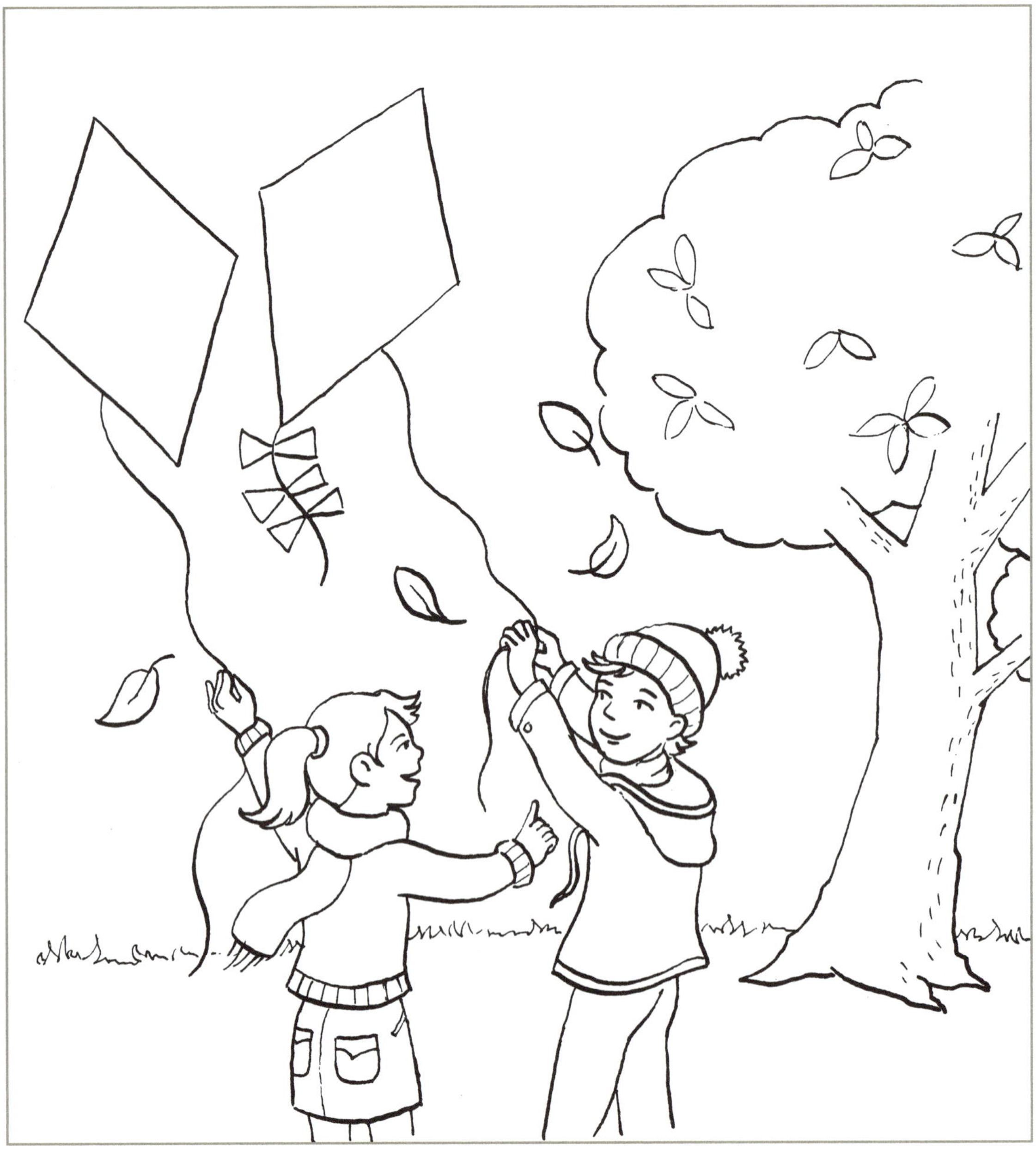

Name: _____ Datum: _____

Reimwörter erkennen

1 Lies das Gedicht.
Markiere die Reimwörter in unterschiedlichen Farben.

Wo man Geschenke verstecken kann

Im Keller hinter Kartoffelkisten,

im Schreibtisch hinter Computerlisten,

in alten verstaubten Bauerntruhen,

in ausgelatschten Wanderschuhen,

5 auf Wohnzimmerschränken, in Blumenvasen,

ja, selbst in Bäuchen von flauschigen Hasen,

in Einzelsocken, ohne Loch,

und eine Möglichkeit wäre noch,

das Geschenk unter die Matratze zu legen.

10 Das ist nicht so gut der Bequemlichkeit wegen.

Der Toilettenspülkasten eignet sich ___nicht_____,

denn welches Geschenk ist schon _____,

Ob sperrig, ob handlich, ob groß oder _____:

Geschenke verstecken muss einfach _____,

15 Das einzig Schwierige daran _____,

dass man das Versteck so leicht _____.

Regina Schwarz

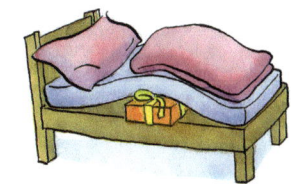

| ist | vergisst | ~~nicht~~ | wasserdicht | klein | sein |

2 Setze die passenden Reimwörter ein.

_____

3 Wo versteckst du deine Geschenke?
Male und schreibe.

R: S. 63 Nr. 3   z. B.
Ich verstecke ...

© Ernst Klett Verlag GmbH, Stuttgart 2024 | www.klett.de | Nur zum individuellen Gebrauch. Kopieren und Vervielfältigen nicht gestattet.

Eine Anleitung ordnen

Du kannst mit Zauberkreide ein tolles Feuerwerk malen.

1 Lies und verbinde.

Mit Zauberkreide eine Neujahrskarte gestalten

Fülle einen Liter Wasser in eine Schüssel.

Gib drei Esslöffel Zucker in das Wasser. Rühre, bis sich der Zucker aufgelöst hat.

Lege bunte Kreide in das Zuckerwasser. Lass alles über Nacht stehen.

Nimm die Kreide vorsichtig aus dem Wasser.

Male mit der noch feuchten Kreide auf dunkles Tonpapier.

2 Gestalte eine Neujahrskarte mit Zauberkreide.

Eine Geschichte weitererzählen

1 Lies den Anfang der Geschichte.

Hanno Hase hat ein Problem
Bald ist Ostern.
Hanno Hase ist fleißig.
Er sitzt in der Ostereier-Werkstatt und bemalt Eier.
Sie leuchten in vielen bunten Farben.
5 Hanno Hase geht in den Vorratsraum,
um neue Eier zu holen.

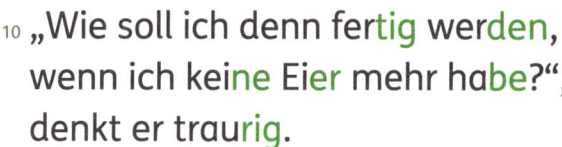

Doch was ist das?
Der Vorratsraum ist leer!
Hanno Hase ist verzweifelt.
10 „Wie soll ich denn fertig werden,
wenn ich keine Eier mehr habe?",
denkt er traurig.

2 Wie geht die Geschichte weiter?
Überlegt gemeinsam und erzählt.

3 Schreibe den Schluss der Geschichte auf.

Genau lesen

1 Lies und male.

Der Osterhase ist braun.
Er hat einen gelben Korb auf dem Rücken.
Im Korb sind zwei rote Eier.
Die Sonne scheint.
Am Himmel fliegen drei blaue Vögel.
Im grünen Gras wachsen vier gelbe Blumen.

2 Lies zuerst alle Sätze.

☐ Links ist das orange Ei.

☐ Das gelbe Ei ist nicht in der Mitte.

☐ Das mittlere Ei ist rosa.

☐ Das Ei mit den roten Punkten ist nicht in der Mitte.

☐ Ein Ei hat grüne Streifen.

☐ Das linke Ei hat blaue Sterne.

Achtung! Die Sätze stehen nicht in der richtigen Reihenfolge!

3 Lies noch einmal Satz für Satz und male.
Hake ab, was du schon erledigt hast.

LB S. 208/209

Fragen zu einem Text beantworten

1 Lies den Text.

Marienkäfer
Marienkäfer sind 4 bis 8 Millimeter groß.
Sie haben rote, gelbe oder schwarze Flügel mit Punkten.
Diese gepunkteten, harten Flügel nennt man Deckflügel.
Darunter sind weiche, fast durchsichtige Flügel.
Marienkäfer fressen Blattläuse.
Die Feinde der Marienkäfer sind Vögel,
Eidechsen, Spinnen und Spitzmäuse.
Wenn sich Marienkäfer bedroht fühlen,
verspritzen sie eine stinkende, gelbe Flüssigkeit.

2 Beantworte die Fragen. Schreibe ganze Sätze.

Wie groß sind Marienkäfer?

Welche Farbe haben die Flügel?

Was fressen Marienkäfer?

Welche Tiere sind die Feinde der Marienkäfer?

Ein Gitterrätsel lösen

1 Suche die Wörter im Gitterrätsel. Lies → und so ↓.
Markiere mit unterschiedlichen Farben.

Grill   Sonne   Badehose   Eis

Melone   Sandburg   Schmetterling   Blume

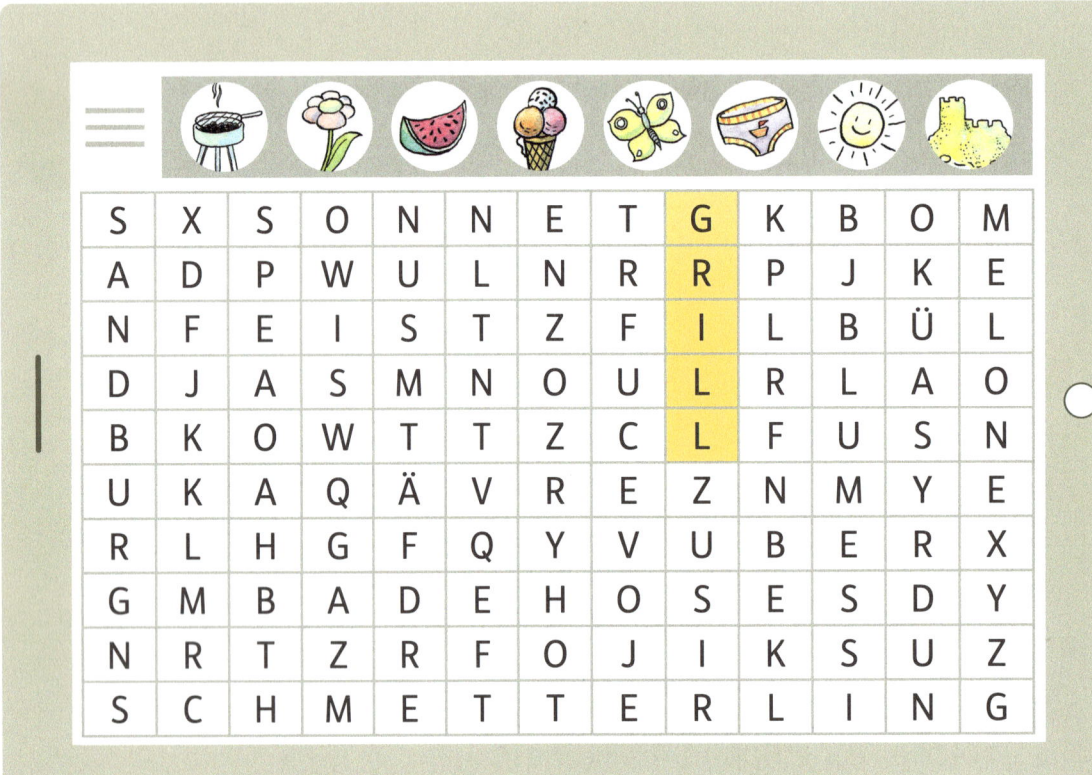

S	X	S	O	N	N	E	T	G	K	B	O	M
A	D	P	W	U	L	N	R	R	P	J	K	E
N	F	E	I	S	T	Z	F	I	L	B	Ü	L
D	J	A	S	M	N	O	U	L	R	L	A	O
B	K	O	W	T	T	Z	C	L	F	U	S	N
U	K	A	Q	Ä	V	R	E	Z	N	M	Y	E
R	L	H	G	F	Q	Y	V	U	B	E	R	X
G	M	B	A	D	E	H	O	S	E	S	D	Y
N	R	T	Z	R	F	O	J	I	K	S	U	Z
S	C	H	M	E	T	T	E	R	L	I	N	G

2 Welche Wörter aus dem Gitterrätsel passen? Schreibe.

Auf dem _____ liegen drei Würstchen.

Die _____ scheint den ganzen Tag.

Elias kann seine rote _____ nicht finden.

Franz baut am Strand

eine _____ .

3 Was machst du gerne im Sommer?
Male und schreibe.

R: S. 76 Nr. 3
Im Sommer ...

Meine Wörter

Diese Wörter brauchst du oft.

🔴	die Klasse
🔴	die Lehrerin
🔵	der Lehrer
🟢	das Mädchen
🔵	der Junge
🔴	die Schule
🔵	der Schulweg
🔴	die Pause
	schreiben
	malen

	lesen
	sprechen
	rechnen
	lernen
	fragen
	antworten
	helfen
	zuhören
	leise
	laut

🔴	die Angst
🔴	die Idee
🔵	der Sport
🟢	das Frühstück
🟢	das Brot
🔴	die Banane
🔵	der Käse
🔴	die Küche
	lachen
	weinen

	schimpfen
	springen
	steigen
	schön
	schlecht
	wütend
	plötzlich
	gesund
	groß
	klein

Meine Wörter

🔴	die Eltern
🔵	der Vater
🔴	die Mutter
🔴	die Schwester
🔵	der Bruder
🔵	der Onkel
🔴	die Tante
🔴	die Oma
🔵	der Opa
🔵	der Uropa

🔵	der Freund
🔴	die Freundin
🔵	der Geburtstag
🟢	das Fest
🔵	der Brief
🔴	die Adresse
	spielen
	einladen
	feiern
	schicken

🔵	der Baum
🟢	das Obst
🔴	die Wiese
🔴	die Biene
🔴	die Hummel
🔴	die Blüte
🟢	das Fell
🟢	das Blatt
🟢	das Eichhörnchen
🔴	die Elster

🔴	die Nahrung
🔵	der Feind
🔵	der Honig
	wachsen
	suchen
	leben
	summen
	ernähren
	lang
	kurz

Meine Wörter

🔵	der Traum
🟢	das Märchen
🔴	die Prinzessin
🔵	der Prinz
🔵	der Erfinder
🔴	die Erfinderin
🔵	der Stern
🔵	der Rock
🔵	der Korb
🔵	der Wald
🟢	das Schloss

🔴	die Wolke
	tragen
	begegnen
	träumen
	schenken
	geben
	alt
	hungrig
	süß
	arm
	dunkel

🟢	das Buch
🔴	die Bücherei
🔵	der Titel
🔵	der Autor
🔴	die Autorin
🔵	der Verlag
🔴	die Figur
🔵	der Text
🟢	das Thema
🔴	die Geschichte

🟢	das Bild
🔵	der Comic
🟢	das Tablet
🟢	das Programm
🔴	die Tastatur
	erzählen
	ausleihen
	vorstellen
	gestalten
	neugierig

Meine Wörter

🔴	die Jahreszeit
🔵	der Herbst
🟢	das Blatt
🔴	die Kastanie
🟢	das Laub
🔵	der Apfel
🔵	der Drachen
🔵	der Igel
🔵	der Regen

🔵	der Winter
🟢	das Weihnachten
🟢	das Geschenk
🟢	das Silvester
🟢	das Neujahr
🟢	das Feuerwerk
🔴	die Karte
	verstecken
	vergessen

🔵	der Frühling
🟢	das Ostern
🟢	das Osterei
🔵	der Osterhase
🟢	das Gras
🟢	das Osternest
🔵	der Streifen
🔵	der Punkt
🔵	der Stern
🔴	die Blume
🔴	die Farbe
	bemalen

🔵	der Sommer
🔵	der Marienkäfer
🔵	der Flügel
🔵	der Feind
🔵	der Grill
🔴	die Sonne
🔴	die Badehose
🟢	das Eis
	fliegen
	fressen
	bauen
	schwimmen